10.133

NOTE

POUR

M. GUILLAUME DORLIAC

CONTRE

LES DAMES DORLIAC

(Cour impériale de Toulouse, 2ᵉ chambre. — M. Daguilhon-Pujol, présid.; M. Tourné, avoc. gén.)

6 mars 1815, contrat de mariage entre M. Auguste Dorliac et Mˡˡᵉ Hénault.

Les époux adoptent le régime de la communauté; de ce mariage sont nés trois enfants, Frédéric, Guillaume et Irma Dorliac.

La succession de Dorliac père, recueillie par ses trois enfants, ainsi que celle de Frédéric Dorliac, échue à ses frère et sœur et à leur mère, restèrent indivises entre les héritiers.

L'actif de la succession de Dorliac père ne comprenait que le domaine de *Samson*, situé dans les communes de *Bouloc* et de *Villeneuve-les-Bouloc*.

La succession de Frédéric ne comprenait que les droits de celui-ci dans l'hérédité paternelle.

Le passif de la succession de Dorliac père s'élevait, en dettes hypothécaires et chirographaires, au chiffre de 26,900 fr.

Du 21 janvier 1841 au 2 août 1855, les héritiers Dorliac vécurent en commun; ils habitaient Toulouse; Guillaume Dorliac administrait le bien indivis.

Le 2 août 1855 , Mme Dorliac et sa fille vont s'établir sur le domaine de *Samson* et en prennent l'administration.

Le 19 décembre 1855, assignation par Mlle Dorliac en partage des successions de Dorliac père et de Frédéric Dorliac.

22 mai 1856, jugement du Tribunal de Toulouse qui ordonne la licitation de l'immeuble formant l'actif de ces successions, sur la mise à prix de 40,000 fr. indiquée par les dames Dorliac.

7 août 1856, adjudication du domaine de *Samson* à Mlle Dorliac, au prix de 54,575 fr.

Après cette licitation et en conformité du jugement du 22 mai 1856, les cohéritiers Dorliac comparaissent devant le notaire commis aux opérations du partage; de nombreuses difficultés s'élèvent entre eux, et le notaire dresse un procès-verbal de référé.

Incidemment à l'instance en référé, et sur la demande de Guillaume Dorliac, le Tribunal de Toulouse rend, le 16 juin 1859, un jugement qui annulle la renonciation à la communauté faite le 11 décembre 1845 par la dame veuve Dorliac, et ordonne qu'il soit procédé à la liquidation et partage de cette communauté avant de passer outre aux opérations du partage des successions de Dorliac père et fils, et renvoie les parties devant Me Mailhes, notaire, pour le règlement de leurs comptes.

Devant le notaire, de nombreuses difficultés s'étant élevées entre les parties, un nouveau procès-verbal de référé fut dressé le 23 août 1859.

Ces difficultés concernant l'actif et le passif de la communauté, l'administration du domaine de *Samson*, les comptes que les copartageants avaient à se rendre à ce sujet, les prélèvements réclamés par eux à divers titres, furent évacuées par un jugement du 24 janvier 1860.

Il est inutile de revenir sur toutes ces contestations; nous nous bornerons à rappeler que le jugement du 24 janvier 1860 reconnut, quant à l'administration du domaine de *Samson*, que Guillaume Dorliac avait eu cette administration pendant le cours de la vie commune entre les héritiers, du 21 janvier 1841 au 2 août 1855, et qu'il décida, sans entrer dans l'examen du compte produit par lui en actif et passif, qu'il n'avait aucune restitution de fruits à faire.

Ce jugement décida aussi que l'actif de la communauté devait comprendre les fruits du domaine de *Samson,* perçus par les dames Dorliac depuis le 2 août 1855 jusque au 7 août 1856, et il nomma des experts pour les évaluer.

Ce jugement décida, en outre, que le passif de la communauté devait se composer de toutes les dettes dont cette communauté se trouvait grevée au décès de Dorliac père, et reconnaissant qu'en dehors des dépenses ordinaires d'entretien et d'exploitation pendant la vie commune, soldées avec les revenus du domaine de *Samson,* Guillaume Dorliac avait fait avec ses ressources personnelles des impenses extraordinaires d'amélioration, nomma des experts pour fixer la plus-value de ce domaine. Tels sont les points à signaler sommairement qui furent décidés par ce jugement.

En exécution de ce jugement, les experts ont déposé, le 1er août 1860, un rapport qui a été homologué par jugement du 5 décembre même année.

Les cohéritiers Dorliac ont comparu de nouveau devant le notaire pour procéder aux opérations du partage, conformément aux prescriptions du jugement des 24 janvier et 5 décembre 1860.

De nouvelles difficultés se sont produites entre les parties sur l'exécution de ce jugement; elles sont indiquées dans les conclusions prises devant le tribunal à suite du référé du notaire et dans le jugement qui y a statué.

Ces conclusions et le jugement sont conçus en ces termes :

Ouï Me Saint-Gresse, avocat, assisté de Me Tourraton, avoué de Guillaume Dorliac, qui a conclu à ce qu'il plaise au Tribunal, vidant le préparatoire ordonné par son précédent jugement et les impugnations ramenées dans le référé du notaire, opérer sur la liquidation projetée les redressements suivants :

1° Actif de la communauté : déclarer que les fruits perçus par la demoiselle Dorliac, du deux août mil huit cent cinquante-cinq au sept août mil huit cent cinquante-six, s'élèvent, déduction faite des dépenses, à un solde net de dix-sept cent cinquante-sept francs quinze centimes au lieu de quatre mille neuf cent cinquante francs soixante-dix centimes;

2° Retrancher de l'actif de la communauté une somme de quatorze cent vingt-sept francs cinquante centimes, représentant le prix des denrées perçues par

Dorliac pendant sa gestion, et encaissée depuis le deux août mil huit cent cinquante-cinq, déclarer qu'il ne sera pas tenu de rapporter cette somme, qui lui est définitivement acquise.

Quant au passif de la communauté, dire et déclarer que toutes les dettes existantes au décès de Dorliac père entreront dans le passif de la communauté; ajouter aux dettes reconnues dans le rapport du notaire :

1° Une somme de six cents francs due à Victor Dorliac par billets, en sus de sa créance par contrat de dix mille francs payée par la dame Dorliac;

2° Une somme de treize cents francs au même ;

3° Une somme de deux mille francs à la supérieure du couvent de Bruyère ;

4° Une somme de sept cents francs à Delbon ;

5° Trois cents francs à Guérin ;

6° Droit de mutation des successions d'Auguste et Frédéric Dorliac , six cents francs ;

7° Cinq cents francs à Dreuilhe ;

8° Femme Dagnat, deux cents francs ;

9° Frais de dernière maladie de Dorliac père, honoraire des médecins, six cents francs. Total, six mille huit cents francs.

Et, au cas de dénégation de quelques-unes de ces sommes, et notamment de celles de six cents francs et treize cents francs payées au sieur Victor Dorliac, déférer à la dame et à la demoiselle Dorliac le serment décisoire sur le point de

Savoir s'il n'est vrai que ces sommes n'étaient dues au sieur Victor Dorliac, ainsi que la somme de trois cents francs à Guérin , et si une somme de six cents francs n'a été payée pour frais de dernière maladie d'Auguste Dorliac , leur déférer aussi le serment sur le point de savoir si elles n'ont été payées par Guillaume Dorliac ; ordonner que Dorliac prélèvera :

1° Une somme de quatre mille quatre cent trente-huit francs vingt-cinq centimes, provenant des récoltes faites pendant sa gestion et dont le prix a été encaissé par la demoiselle Dorliac, ordonner que cette dernière sera personnellement tenue de lui en faire compte, comme l'ayant indûment reçue;

2° Ordonner ce prélèvement au profit de Dorliac sur la masse des dettes par lui payées à la libération de la communauté et dont l'énumération précède.

Subsidiairement, et dans tous les cas, ordonner qu'elles figureront au passif de la communauté et serviront à en fixer la consistance ;

3° Ordonner que les prélèvements à opérer par le sieur Guillaume Dorliac , soit sur la masse, soit comme créancier de la demoiselle Dorliac , produiront intérêt à partir du sept août mil huit cent cinquante-six ;

4° Ordonner que la demoiselle Dorliac sera tenue de payer au concluant la somme de trois mille quatre cent soixante-dix francs trente-un centimes, sur

laquelle repose l'usufruit de la dame Dorliac, demeurant son offre de la placer,
soit hypothécairement, soit en rentes sur l'Etat, en son nom, comme propriétaire
seulement, et au nom de la dame Dorliac comme usufruitière;

5° Condamner la demoiselle Dorliac à payer au concluant sa part entière de
l'actif, sauf les compensations opérées par le notaire, à la charge par le concluant
de payer sa part des dettes héréditaires, si mieux n'aime la demoiselle Dorliac
rapporter, dans le délai d'un mois, la quittance des créanciers héréditaires, ordonner que les dépens seront prélevés comme frais de justice.

Ouï Me Timbal, avocat, assisté de Me Rives, avoué de la dame Jeanne-Suzanne
Hénault, veuve du sieur Auguste Dorliac, qui a conclu à ce qu'il plaise au Tribunal, sans s'arrêter ni avoir égard, soit aux impugnations faites par Guillaume
Dorliac contre les procès-verbaux de la clôture de partage dressés par Me Mailhes,
notaire, les seize janvier, vingt-sept février et deux mars mil huit cent soixante-
un, soit aux demandes nouvelles formulées devant le Tribunal par les conclusions
prises à l'audience, non plus qu'aux observations faites par le notaire à la suite du
partage, homologuer purement et simplement les dits procès-verbaux, ordonner
qu'ils sortiront leur plein et entier effet; condamner Guillaume Dorliac aux dépens,
si mieux n'aime le Tribunal les allouer à toutes parties comme frais de partage.

Ouï Me Timbal, assisté de Me Soulé, avoué de la demoiselle Dorliac, qui a conclu à ce qu'il plaise au Tribunal, donner acte à la concluante de sa déclaration,
qu'elle adhère purement et simplement aux conclusions prises par la dame veuve
Dorliac, sa mère, contre Guillaume Dorliac; condamner ce dernier aux dépens
ou tout au moins les allouer à la concluante comme frais de justice.

Ouï M. de Marion-Brésillac, substitut de M. le procureur impérial, en ses conclusions orales.

En droit, le Tribunal avait à juger les points suivants :

1° Que faut-il statuer sur les conclusions respectives des parties?

2° *Quid* des dépens?

Attendu que, sur le référé du notaire commis par les précédents jugements,
pour procéder à la liquidation des droits des parties dans la communauté et la
succession qui font l'objet de ces décisions, il y a lieu d'examiner le mérite des
impugnations dirigées contre le travail de ce notaire, par Guillaume Dorliac; que
seulement il y a lieu de constater que quelques-unes des impugnations consignées dans le procès-verbal du notaire, sous la date du deux mars dernier, n'ont
pas été reproduites dans les conclusions prises au nom de Guillaume Dorliac, à
l'audience, tandis que ces conclusions contiennent quelques impugnations nouvelles; que les appréciations du Tribunal ne doivent évidemment s'appliquer qu'à
celles des critiques de Guillaume Dorliac, formulées par lui dans ces mêmes conclusions;

Attendu , en ce qui touche la première impugnation, qu'elle est relative aux fruits existant sur le domaine de Samson , le deux août mil huit cent cinquante-cinq , époque où cessa la vie commune qui avait existé jusque-là, entre Guillaume Dorliac et les dames Dorliac, et où ces dernières prirent possession du dit domaine ; que, tandis que le notaire a fait entrer ces fruits dans l'actif de la communauté à liquider, il est prétendu par Guillaume Dorliac, que ces fruits lui appartiennent et doivent lui être alloués, à titre de prélèvement ;

Attendu que cette prétention de Guillaume Dorliac est évidemment mal fondée ; que pour la justifier il se fonde sur les dispositions du jugement du vingt-quatre janvier mil huit cent soixante ; mais que, ni par ses motifs, ni par son dispositif , ce jugement n'autorise une pareille prétention , sur laquelle le Tribunal n'eut point à statuer, puisqu'elle ne lui fut point soumise ; qu'il résulte au contraire du rapprochement des difficultés qui divisaient alors les parties et de la solution qui leur fut donnée par le Tribunal, que, comme conséquence de cette solution , les fruits dont il s'agit ont été à bon droit considérés par le notaire comme formant une dépendance de la communauté à partager. Qu'en effet, la prétention de Guillaume Dorliac, à cette époque, c'était de se faire exonérer de la restitution des fruits qu'il avait perçus pendant sa vie commune avec sa mère et sa sœur, et de se présenter , au contraire, comme le créancier de ces dernières pour une somme considérable , par suite des dépenses qu'il disait avoir effectuées à l'aide de ses ressources personnelles, en sus des recettes par lui réalisées dans l'intérêt commun. Qu'à l'appui de cette prétention , Guillaume Dorliac produisait un compte de ses recettes et de ses dépenses depuis mil huit cent quarante-un ; mais que, dans ce compte, les récoltes du domaine de Samson existant sur ce domaine au moment de la cessation de la vie commune n'étaient nullement comprises. Que, statuant sur cette prétention appuyée de ce compte, le Tribunal décida que les parties n'avaient respectivement rien à se demander pour la période de leur existence commune que le compte embrassait, sous l'unique réserve des droits de Dorliac, quant aux impenses par lesquelles il prétendait avoir augmenté la valeur du domaine de Samson. Qu'en cet état, il est manifeste que la compensation admise par le Tribunal, ne pouvait porter, en faveur de Guillaume Dorliac, que sur les récoltes qu'il avait réalisées et qu'il avait comprises dans son compte ; que l'application de cette compensation ne peut dès-lors être étendue à ces fruits, qui, quoique existant en nature le deux août mil huit cent cinquante-cinq, n'ont été réalisés que plus tard , soit par les dames Dorliac, soit par Guillaume Dorliac lui-même. Que, de même que pour les dépenses postérieures à cette époque, le compte de ces fruits est soumis à la règle ordinaire suivant laquelle ils doivent, avec le restant des biens, être compris dans le partage comme faisant, ainsi que ces biens, partie de la communauté à liquider ;

Attendu qu'il suit de là, que la première impugnation de Guillaume Dorliac doit être déclarée mal fondée, non-seulement en ce qui touche ceux des fruits existant le deux août mil huit-cent cinquante-cinq, dont les dames Dorliac ont plus tard touché le prix, mais encore en ce qui touche ceux de ces mêmes fruits, que Dorliac avait vendus le deux août mil huit-cent cinquante-cinq, ou antérieurement, et dont le prix a été perçu par lui à une époque postérieure;

Attendu qu'il n'y a pas lieu de s'arrêter davantage à la deuxième impugnation, relative au compte présenté par les dames Dorliac, quant aux fruits qu'elles ont perçus pendant la période écoulée depuis le deux août mil huit-cent cinquante-cinq, jusqu'au sept août mil huit-cent cinquante-six; que, loin d'avoir fait jusqu'à ce jour l'objet d'aucune critique de la part de Guillaume Dorliac, ce compte avait, au contraire, obtenu son approbation expresse, ainsi que cela résulte des conclusions prises en son nom, lors du jugement du cinq décembre mil huit cent soixante et mises en qualité dans ce même jugement; que l'examen de ce compte démontre d'ailleurs, qu'alors même que le Tribunal aurait à le vérifier, tous les articles dont il se compose devraient être maintenus comme parfaitement justifiés;

Attendu, en ce qui touche l'impugnation par laquelle Guillaume Dorliac élève la prétention d'obtenir le prélèvement des capitaux qu'il aurait consacrés pendant l'existence de la vie commune à payer certaines dettes de la communauté, qu'elle est évidemment repoussée par l'autorité de la chose jugée; qu'en effet, dans le compte dont il a été parlé plus haut, produit par Dorliac, lors du jugement du vingt-quatre janvier mil huit-cent soixante, les sommes dont il s'agit avaient été portées par lui au chapitre de la dépense, et qu'il ne peut être douteux, si l'on consulte l'ensemble des dispositions de ce jugement et des motifs sur lesquels il est fondé, qu'il n'ait été dans la pensée du Tribunal d'étendre les effets de la compensation qui a servi de base à sa décision, relative audit compte, aux sommes qui font aujourd'hui l'objet des prétentions de Dorliac. Qu'en effet, il résulte du jugement prémentionné, que le Tribunal n'a entendu soustraire à cette compensation que :

1° Les dettes de la communauté, payées antérieurement au deux août mil huit-cent cinquante-cinq, à l'aide de la somme de douze mille francs, appartenant à la veuve Dorliac;

2° La somme que Guillaume Dorliac pourrait avoir à réclamer, pour les impenses par lesquelles il aurait augmenté la valeur du domaine;

Et 3° Les sommes que, soit les dames Dorliac, soit Guillaume Dorliac, auraient consacrées à payer des dettes de la communauté, postérieurement au deux août mil huit-cent cinquante-cinq.

Attendu, d'ailleurs, qu'alors même que les choses seraient encore entières, nonobstant le jugement du vingt-quatre janvier mil huit cent soixante, les prétentions de Guillaume Dorliac devraient encore être rejetées comme mal fondées; que si l'on consulte le chiffre des dettes qu'il prétend avoir payées, l'époque où ces paiements ont été effectués, les ressources personnelles dont il pouvait disposer à ces diverses époques, les capitaux qui dans ce moment étaient à sa disposition comme provenant, soit du cautionnement de son père dont il ne rend pas compte, soit de la somme de douze mille francs versée dans ses mains par sa mère, on demeure pleinement convaincu qu'il n'a aucune réclamation légitime à élever quant aux sommes dont il s'agit;

Attendu, en cet état, qu'on doit écarter comme frustratoire, soit le chef des conclusions de Dorliac, tendant à ce que le serment décisoire soit déféré aux défenderesses quant à la réalité des paiements ou quant au chiffre des dettes dont il prétend avoir libéré la communauté de ses deniers personnels, soit le chef de ces mêmes conclusions, par lequel il reproche au notaire liquidateur de ne pas avoir compris le montant de ces dettes, aujourd'hui éteintes, dans la consistance du passif de la communauté à partager;

Attendu qu'il y a lieu, au contraire, d'accueillir, du moins en partie, les conclusions de Dorliac en ce qui touche les intérêts de la somme dont il a obtenu le prélèvement à raison de la plus-value procurée par ses impenses au domaine de Samson, mais qu'au lieu d'être fixé, suivant la demande, au deux août mil huit cent cinquante-cinq, le point de départ de ces intérêts ne peut remonter, aux termes de la loi, qu'au jour de l'introduction de l'instance;

Attendu que Dorliac n'a aucun intérêt à demander que la somme qui doit lui être attribuée dans l'actif de la succession de son père et sur laquelle s'étend l'usufruit appartenant à la dame Dorliac pour son gain de survie, soit versée dans ses mains pour être placée par lui en rentes sur l'Etat ou par hypothèque; qu'il pourrait être juste d'accueillir cette prétention, si cette somme, en restant entre les mains de la demoiselle Dorliac, adjudicataire du domaine de Samson, pouvait se trouver compromise au préjudice de Guillaume Dorliac, mais qu'il n'en est point ainsi, puisque le privilége accordé par la loi à Guillaume Dorliac sur le domaine de Samson, pour sûreté de cette somme, lui offre, sans lui imposer aucun sacrifice de ses droits de nu-propriétaire, les plus solides garanties; qu'il y a lieu, d'ailleurs, de se préoccuper, à l'occasion de cette prétention, non-seulement des volontés de Guillaume Dorliac, mais aussi de celles de l'usufruitière; que la dame Dorliac demande expressément que la somme dont il s'agit reste entre les mains de sa fille;

Attendu, quant au chef des conclusions de Guillaume Dorliac, relatif au paiement de la portion des dettes encore subsistantes dont le paiement lui incombe en qualité de cohéritier, qu'il est juste de fixer un délai pendant lequel la demoiselle Dorliac, débitrice comme adjudicataire du domaine de Samson de la partie du prix qui doit servir à l'extinction de ces dettes, sera tenue d'en effectuer le paiement, Guillaume Dorliac ne pouvant rester d'une manière indéfinie exposé à l'action des créanciers ;

Attendu que les parties devront se retirer de nouveau devant le notaire pour les modifications de son travail, que le calcul des intérêts admis en faveur de Guillaume Dorliac peut entraîner ;

Attendu que de ce qui précède il suit qu'une partie des dépens doit être allouée comme frais de partage, mais que le reste doit être supporté personnellement par Guillaume Dorliac ;

Par ces motifs, le Tribunal, jugeant en premier ressort et en matière ordinaire, vidant le référé du notaire commis par le précédent jugement, sans s'arrêter soit aux impugnations faites par Guillaume Dorliac contre les procès-verbaux de clôture de partage dressés par le notaire les seize janvier, vingt-sept février et deux mars mil huit cent soixante-un, soit aux demandes nouvelles formulées devant le Tribunal par Guillaume Dorliac dans les conclusions prises en son nom à l'audience, soit aux observations consignées par le notaire à la suite du partage, homologue les dits procès-verbaux ; dit néanmoins que la somme dont le prélèvement a été ordonné en faveur de Guillaume Dorliac à raison des impenses faites par lui avant le deux août mil huit cent cinquante-cinq sur le domaine de Samson, a été productive d'intérêt à partir du jour de l'introduction de l'instance; ordonne en conséquence que les parties se retireront de nouveau devant ledit notaire pour les modifications des chiffres mentionnés dans lesdits procès-verbaux qui devront résulter du calcul de ces intérêts; dit que les dettes de la communauté ou de la succession encore subsistantes, ou du moins la part de ces dettes qui doit être supportée par Dorliac, seront payées par la demoiselle Dorliac dans le délai de six mois à compter de ce jour, ou que du moins, dans ce délai, la demoiselle Dorliac rapportera à son frère une décharche des créanciers pour la part desdites dettes qui le concerne ; et faute par elle de ce faire dans ce délai, autorise Guillaume Dorliac à poursuivre contre elle le paiement de la partie du prix de l'adjudication du domaine de Samson nécessaire à l'extinction de la portion desdites dettes mises à sa charge; ordonne que les dépens seront mis en masse, et que les deux tiers seront supportés par Guillaume Dorliac, le tiers restant étant alloué comme frais de partage, et demeurant l'affirmation de M° Soulé, qui a fait l'avance des frais, en ordonne la distraction à son profit.

On voit par le jugement que nous venons de transcrire que la contestation porte sur trois points :

1° Sur les fruits produits par le domaine de *Samson*, perçus par Guillaume Dorliac, pendant qu'il était administrateur du domaine, mais non consommés au deux août 1855 ;

2° Sur le compte d'administration des dames Dorliac, du 2 août 1855 au 7 août 1856 ;

3° Sur les prélèvements demandés par Guillaume Dorliac du montant des dettes payées par lui, à la décharge de la communauté, avant le 2 août 1855.

Ces diverses contestations ont entr'elles une grande affinité, et pour éclairer leur solution, il est indispensable de reproduire les considérants et le dispositif du jugement du 24 janvier 1860, qui s'y rattachent directement, ou qui peuvent fournir des appréciations utiles.

On lit dans ce jugement :

Attendu que les dames Dorliac ont en même temps reconnu qu'elles avaient seules possédé et joui le domaine de Samson à partir du 2 août 1855, et qu'elles devaient en conséquence rendre compte des fruits *produits* par ce domaine pendant l'intervalle écoulé depuis cette époque jusqu'au 7 août 1856, date de l'adjudication ; que ces fruits devront, en conséquence, s'ajouter dans la liquidation définitive à l'actif de la communauté, suivant la proportion de la part qui lui est attribuée sur ce domaine ;

Attendu, en ce qui touche les fruits *produits* par le domaine de Samson depuis le 21 janvier 1841, date de la dissolution de la communauté survenue par la mort de Dorliac père, et le 2 août 1855, *que ces fruits ont été perçus par Guillaume Dorliac*, qu'il offre d'en rendre compte, mais qu'en même temps Guillaume Dorliac présente un état des dépenses qu'il aurait faites ou des sommes qu'il aurait avancées pendant la même période, soit pour l'exploitation et l'amélioration du domaine, soit pour les intérêts des dettes dont cet immeuble était grevé, soit pour l'entretien de sa mère et de sa sœur, avec lesquelles il vivait en commun, et qu'en se fondant sur cet état Guillaume Dorliac prétend, non-seulement être exonéré de toute restitution des fruits, mais se trouver créancier de la communauté ou de ses deux copartageantes d'une somme considérable ;

Attendu, en fait, qu'il est constant qu'après la mort de Dorliac père, la vie commune continua entre sa veuve et ses deux enfants survivants sans qu'aucune convention vînt à l'avance en régler les conditions ; qu'elle s'est ainsi prolongée jusqu'au 2 août 1855, sans qu'aucun compte ait jamais liquidé la part des revenus et des dépenses de chacun, sans que même une comptabilité régulière, indispensable, si l'on avait eu la pensée d'un règlement ultérieur, ait jamais été établie entre eux ;

Attendu, en cet état, que l'administration du domaine de Samson et la gestion du ménage de la veuve et des enfants Dorliac doivent être considérées comme s'étant accomplies sous l'empire d'un quasi-contrat à forfait, exclusif d'une liquidation devenue d'ailleurs aujourd'hui impossible, par le fait commun des parties, qui devrait les rendre respectivement responsables les unes vis-à-vis des autres, pour les quatorze années dont cette période se compose, de tout excédant de leurs dépenses personnelles sur les revenus personnels qu'elles apportaient dans leur vie commune, ce qui exposerait particulièrement les dames Dorliac à subir aujourd'hui les conséquences imprévues et peut-être ruineuses pour elles d'une administration à laquelle elles sont demeurées étrangères ;

Attendu d'ailleurs que des documents de la cause il résulte que si, pour la seconde partie de la période ci-dessus fixée, on peut admettre que les ressources personnelles de Guillaume Dorliac ont pu servir dans une certaine mesure aux dépenses communes, les sacrifices de Dorliac trouveraient leur compensation pendant la période antérieure dans des sacrifices analogues que les dames Dorliac avaient pu s'imposer pour lui ; qu'il faut tenir compte, pour apprécier cette situation, des droits plus considérables appartenant dès l'origine aux dames Dorliac sur les biens communs, des avances de sommes importantes faites par la dame Dorliac dès 1847 pour payer des dettes communes, de la part de surveillance et de soins de toute sorte par lesquels ces dernières ont constamment aidé Guillaume Dorliac dans son administration ; qu'il faut, en outre, constater que les dames Dorliac consentent à ne pas faire entrer dans l'actif de la communauté et à ne pas demander compte à Guillaume Dorliac de la somme de 3,800 fr., montant du cautionnement fourni peu de temps avant sa mort par Dorliac père en qualité de percepteur et touché depuis son décès par Dorliac fils ;

Attendu, en conséquence, qu'il y a lieu de reconnaître, conformément aux prétentions des dames Dorliac, que les parties n'ont aucun compte à se rendre pour les revenus perçus ou les dépenses faites pendant tout le temps de leur vie commune dans l'exploitation du domaine de Samson et l'entretien de leur ménage, sauf néanmoins ce qui va être spécialement statué quant au mobilier acquis par Guillaume Dorliac pendant cette vie commune et quant à la plus-value qu'il aurait procurée au domaine par des dépenses exceptionnelles ;

Attendu qu'il suit de là que les *fruits produits* par le domaine de Samson pendant le temps écoulé depuis le 21 janvier 1841 jusqu'au 2 août 1855, ne doivent pas être calculés pour la formation de l'actif de la communauté à partager.....;

Attendu que c'est au contraire à bon droit que Guillaume Dorliac demande que le mobilier dépendant de l'appartement qu'il occupe à Touleuse et qui a été acquis pendant la vie commune soit déclaré être sa propriété personnelle; que ce mobilier a été en effet acheté par Guillaume Dorliac; que le prix en a été acquitté par lui entre les mains des fournisseurs, et qu'en considérant soit l'époque à laquelle cette dépense a été faite, soit les revenus ordinaires jouis en commun par les parties, on demeure convaincu que, tandis que Guillaume Dorliac possédait personnellement des ressources suffisantes pour pourvoir à cette dépense, *ce qui devait rester des revenus communs, distraction faite des frais d'exploitation et du paiement des intérêts des dettes communes, était absorbé par l'entretien du ménage;*

Attendu, en ce qui touche le passif de la communauté, qu'il doit évidemment comprendre toutes les dettes dont elle se trouvait grevée à l'époque du décès de Dorliac père;

Attendu qu'il est encore manifeste que la dame Dorliac devra être portée dans ce chapitre de la liquidation pour la somme de 12,000 fr., touchée par elle en 1847, sur le montant de la donation qui lui avait été faite dans son contrat de mariage par la dame Dumasbon, et qui fut consacrée, ainsi que Dorliac le reconnait, à payer jusqu'à due concurrence des dettes de la communauté; que par ce paiement la dame Dorliac fut subrogée aux créanciers que ses deniers servirent à désintéresser, et doit en conséquence occuper leur place dans le passif;

Attendu qu'il devra en être de même, soit à l'égard des dames Dorliac, soit à l'égard de Guillaume, pour toutes les autres sommes qu'ils justifieraient avoir payées à la libération de la communauté depuis la cessation de la vie commune;

Attendu que d'après ce qui a été dit plus haut, il n'y aura pas lieu de compter au passif de la communauté les intérêts des sommes dues courus, soit au profit de la dame Dorliac, soit au profit des autres créanciers, jusqu'au 2 août 1855, que ces intérêts doivent être présumés avoir été payés à l'aide des revenus communs à raison desquels les parties n'ont aucun compte à se rendre;

Attendu qu'il n'en est pas de même quant aux intérêts de ces mêmes sommes courus depuis le 2 août 1855; qu'ils devront être calculés dans la liquidation à partir de cette époque pour être attribués aux créanciers ou à celle des parties qui justifiera les avoir désintéressés;

Attendu, en ce qui touche les prélèvements demandés par Guillaume Dorliac, qu'il a été déjà statué quant à la créance fondée par ce dernier sur le compte des recettes et des dépenses ordinaires relatives à la période écoulée de 1841 à 1855, mais qu'il est prétendu par Guillaume Dorliac qu'indépendamment des dépenses ordinaires occasionnées par l'exploitation du domaine, il a consacré à l'amélioration de ce domaine des sommes importantes, et que ces améliorations ont déterminé une plus-value certaine comprise dans le prix de l'adjudication du 7 août 1856;

Attendu que cette prétention de Guillaume Dorliac n'est pas jusqu'à présent justifiée, mais qu'il est juste de recourir à une expertise pour vérifier l'existence de la plus-value qu'il allègue; que les mêmes experts devront, en outre, être appelés à constater l'importance des immeubles par destination qui existaient sur le domaine au moment de la licitation de 1856, par comparaison avec ceux qui existaient sur le même domaine à l'époque du décès de Dorliac père..... ;

Par ces motifs, le Tribunal..... dit, en outre, que l'actif de la communauté doit comprendre les fruits du domaine de Samson perçus par les dames Dorliac depuis le 2 août 1855 jusqu'au 7 août 1856 ;

Rejette, en ce qui touche les fruits produits par ce domaine depuis le 21 janvier 1841, date du décès de Dorliac père, jusqu'au 2 août 1855, le compte présenté par Guillaume Dorliac, les parties, qui ont vécu en commun pendant les quatorze années écoulées durant cette période, n'ayant aucun compte à se rendre des revenus qu'elles ont perçus et des dépenses ordinaires qu'elles ont faites ainsi en commun ;

Déclare, moyennant ce, que Guillaume Dorliac n'est tenu pour la période susmentionnée à aucune restitution de fruits ;

Dit que le mobilier faisant partie de l'habitation du domaine de Samson appartient à la communauté ;

Déclare aussi communs tous les meubles ayant appartenu, avant la dissolution de la communauté, soit à Dorliac père, soit à sa femme, qui pourraient faire partie du mobilier qui garnit l'appartement occupé par Guillaume Dorliac à Toulouse ;

Dit que tous les autres meubles acquis par Guillaume Dorliac antérieurement au 2 août 1855 et faisant partie du même appartement, ont été achetés de ses deniers personnels et sont en conséquence sa propriété ;

Déclare, en ce qui touche le passif de la communauté, qu'il doit se composer de toutes les dettes dont cette communauté se trouvait grevée au décès de Dorliac père ;

Dit, en conséquence, que la somme de 12,000 fr., consacrée par la dame Dorliac en 1847 au paiement d'une partie de ses dettes, y sera portée, et que cette dernière y figurera pour cette somme aux lieu et place des créanciers qu'elle a désintéressés;

Dit qu'il en sera de même pour toutes les sommes que, soit la veuve Dorliac, soit la demoiselle Dorliac, soit Guillaume Dorliac, justifieraient avoir payées à la libération de la communauté après le 2 août 1855 ;

Dit n'y avoir lieu de s'occuper dans la liquidation des intérêts des capitaux inscrits au passif, pour la période antérieure à cette dernière époque ;

Ordonne, au contraire, que les intérêts de ces capitaux seront liquidés au profit de qui de droit pour le temps postérieur au 2 août 1855 ;

Ordonne, avant dire droit sur la prétention de Guillaume Dorliac relative à la

plus-value qu'il soutient avoir procurée au domaine de Samson par des impenses,
que par les sieurs Girou, Martegoute et Lacurie, experts que le Tribunal nomme
d'office et qui prêteront serment devant M. Mersié, juge, il sera procédé à la
visite du domaine de Samson, à l'effet de rechercher et de constater si, pendant
l'administration de Guillaume Dorliac, qui a commencé le 21 janvier 1841, date
de la mort de son père, et qui a fini le 2 août 1855, le domaine de Samson a
augmenté de valeur par suite des travaux exceptionnels que Guillaume Dorliac y
aurait pratiqués;

Dit que, dans le cas de l'affirmative, les experts feront connaître la nature et
l'époque des diverses améliorations réalisées, en précisant autant que possible le
chiffre des sommes que Guillaume Dorliac y aurait consacrées;

Autorise les experts à s'entourer, pour l'accomplissement de leur mandat, de
tous les renseignements auxquels ils jugeront convenable de recourir sur les
lieux, ou qu'ils croiraient devoir puiser dans les carnets, registres ou autres documents qui leur seront remis par les parties;

Charge, en outre, les mêmes experts : 1° de comparer ou d'évaluer, autant que
possible, l'importance des cabaux ou autres immeubles par destination qui existaient sur le domaine à l'époque de la mort de Dorliac père, et ceux dont il était
pourvu le 2 août 1855, époque où l'administration de Guillaume Dorliac a cessé,
et 2° d'évaluer les montants des *fruits produits* par le domaine de Samson depuis
le 2 août 1855 jusqu'au 7 août 1856, distraction faite des impositions et des frais
de culture, pour, ensuite, sur leur rapport, fait et déposé au greffe, être statué ce
qu'il appartiendra, tous droits et exceptions des parties se trouvant d'ailleurs
réservés quant au chiffre de la plus-value qui serait constaté par les experts et
quant au chiffre qui serait réclamé par Guillaume Dorliac à raison de cette plus-
value.

Pour apprécier la solution donnée par le jugement du 25 mai 1861,
sur les difficultés soumises au Tribunal, il est essentiel de faire quelques
précisions.

Lorsque, au mois d'août 1855, Guillaume Dorliac abandonna l'administration du domaine de *Samson*, il avait perçu la récolte en grains de
1855, et il n'avait pas encore entièrement disposé de la récolte en vins
de 1854; il en avait vendu 50 hectolitres, à 40 fr. l'hectolitre; la livrai-
son de ce vin n'était pas entièrement opérée. Il en restait pour 1,427 fr.,
qui ne fut livré que dans le courant du mois d'août, et l'acquéreur
ne **paya** le prix qu'à cette époque; les 70 hectolitres du surplus, ainsi

que les autres produits et la récolte en grains de 1855, ont été vendus par les dames Dorliac après la main-mise qu'elles firent sur le domaine de *Samson* : ces produits représentent une valeur de 4,438 fr. 25 c.

Dans le compte produit devant le notaire et devant le Tribunal, le 24 janvier 1860, Guillaume Dorliac indiqua la vente de 50 hectolitres vin, à 40 fr. l'hectolitre, et porta en recette la somme de 2,000 fr.; il indiqua aussi le surplus de la récolte de 1854 et des autres produits laissés aux dames Dorliac.

Les dames Dorliac qui devaient rendre compte de leur administration depuis le 2 août 1855 au 7 août 1856, portèrent en recette une somme de 8,420 fr. 05 c., et en dépense celle de 4,102 fr. 65 c.. Il y avait une omission d'une certaine quantité de fruits par elles vendus, représentant une valeur de 1,878 fr.; en sorte que la totalité de la recette devait se porter à 10,298 fr. 05 c.; il restait net, déduction faite des dépenses, 6,195 fr. 40 c.. Il faut remarquer que d'après Guillaume Dorliac, les fruits perçus avant le 2 août 1855 doivent être compris dans cette somme pour 4,438 fr. 25 c., et qu'ainsi les fruits perçus depuis le 2 août 1855, ne représenteraient qu'une valeur de 1,757 fr. 15 c.

C'est sur ces faits, ainsi expliqués, que le jugement a eu à statuer.

Faut-il attribuer à Guillaume Dorliac, non-seulement les 1,427 fr. formant le prix du vin qu'il avait vendu avant le 2 août 1855 et qu'il n'a touché que plus tard, mais aussi la somme de 4,438 fr. 25 c., représentant le prix des fruits par lui perçus, et réalisés par les dames Dorliac et dont celles-ci ont à rendre compte; ou bien faut-il comprendre ces deux sommes dans l'actif de la communauté?

Telle est la difficulté.

Les termes du jugement du 24 janvier 1860 ne peuvent, selon nous, rendre douteuse la solution à donner à la question.

Il résulte de l'ensemble des dispositions de ce jugement, plus haut rapportées, que le Tribunal, en présence des prétentions contradictoires des copartageants, a admis un mode d'appréciation, quant à la restitution des fruits, entièrement différent de celui proposé par les parties.

Le compte présenté par Guillaume Dorliac a été écarté, sans examen des éléments dont il pouvait se composer, en actif ou en passif. Le Tribuual a, sur ce point, posé une règle générale qui ressort d'une manière éclatante des divers passages du jugement ci-dessus transcrit ; il a décidé, quant à l'administration de Guillaume Dorliac, que les fruits par lui *perçus* sont compensés avec les dépenses *ordinaires* qu'il a dû faire comme administrateur. Cette règle est explicitement formulée dans le jugement.

Le dispositif du jugement du 24 janvier dit, en effet, textuellement, qu'il rejette, en ce qui touche les fruits *produits* par le domaine, depuis le 21 janvier 1841 jusques au 2 août 1855, le compte présenté par Guillaume Dorliac, et qu'il n'est tenu à aucune restitution des fruits. Il est vrai que le dispositif contient une énonciation ainsi conçue : « Les parties » qui ont vécu en commun pendant les quatorze années écoulées durant » cette période, n'ayant aucun compte à se rendre des revenus qu'elles » ont *perçus* et des dépenses *ordinaires* qu'elles ont faites en commun. » Ce qui impliquerait qu'il y avait eu administration commune, entraînant la compensation ; mais c'est là évidemment une erreur de rédaction, car il est bien certain que Guillaume seul a administré, qu'il est seul tenu de rendre compte, et que, par suite, lui seul doit subir la compensation et en profiter.

Les motifs du jugement établissent cette proposition, non-seulement par leur ensemble, mais aussi textuellement, puiqu'il y est dit *qu'en ce qui touche les fruits produits par le domaine de Samson, de 1841 à 1855, ces fruit sont été perçus par Guillaume, qui offre d'en rendre compte.* Au reste, les conclusions respectives des parties ne peuvent laisser aucun doute à ce sujet. Guillaume offrait de rendre compte des fruits depuis le 21 janvier 1841 jusqu'au 2 août 1855, et les dames Dorliac depuis cette dernière époque jusqu'au 7 août 1856.

Lorsque le jugement du 24 janvier 1860 déclare, dans le dispositif, qu'il n'y a aucun compte à rendre des revenus *perçus* et des dépenses *ordinaires*, il ne peut donc s'appliquer qu'à Guillaume ; aussi, quand il déduit la conséquence, il ajoute : « Déclare, moyennant ce, que Guillaume Dor- » liac n'est tenu pour la période sus-mentionnée à aucune restitution » de fruits. »

Le dispositif du jugement qui affranchit Guillaume Dorliac de la res-

titution des fruits, ne peut prêter à équivoque sur le point de savoir à
quels fruits s'applique cette dispense; il dit : *qu'il rejette, en ce qui touche les fruits produits* par le domaine de *Samson*, depuis le 21 janvier
1841 jusque au 2 août 1855, le compte présenté par Guillaume Dorliac;
cette disposition comprend, par sa généralité, tout ce qui a été *produit*
par le domaine pendant cette période de temps. N'y eût-il que ce texte,
qu'il faudrait reconnaître que Guillaume Dorliac pourrait s'en prévaloir
pour soutenir efficacement que la mesure de son droit d'appropriation n'a,
d'après le jugement, d'autre base que le fait même de la production.
Mais le texte donne un second éclaircissement en décidant, un peu plus
bas, qu'il s'agit *des revenus perçus* compensés avec les *dépenses ordinaires*, texte qui s'applique exclusivement à Guillaume, ainsi qu'il vient
d'être dit plus haut.

Les diverses expressions consignées dans le dispositif, démontrent donc
que le jugement du 24 janvier 1860 a entendu attribuer expressément à
Guillaume Dorliac la propriété de tous les fruits produits par le domaine
de *Samson* et perçus par lui pendant le cours de son administration.

Nous avons déjà fait remarquer que les motifs du jugement sont aussi
explicites et aussi formels pour indiquer et caractériser les fruits que
l'appréciation du jugement a eu en vue pour leur appliquer la compensation avec les dépenses *ordinaires*. Ce sont les fruits *produits* par le domaine et perçus par Guillaume Dorliac pendant le cours de son administration. Ceci est textuel.

On ne trouve, ni dans les motifs ni dans le dispositif du jugement
du 24 janvier 1860, aucune expression qui se réfère à la distinction consacrée par la décision du 23 mai 1861, entre les fruits perçus et consommés pendant la vie commune des copartageants, et ceux qui ayant été
perçus pendant la même époque n'auraient pas été consommés. L'appréciation du jugement n'est pas basée sur cette circonstance, qui n'y est
jamais indiquée, même par énonciation. Ce jugement ne s'occupe pas
du point de savoir si les fruits ont été *consommés* par celui qui les a
perçus. Il pose cette règle : Que celui qui a *perçu* les fruits pendant la
vie commune a supporté les charges *ordinaires* et s'est approprié ces
fruits. Il ne peut être permis de créer une distinction repoussée par les

termes du jugement. La chose jugée est évidente, et la nouvelle décision du Tribunal doit être réformée.

La solution que nous venons d'indiquer est non-seulement la seule conforme au texte des motifs et du dispositif du jugement, mais elle est en outre en rapport d'identité parfaite avec la disposition du même jugement du 24 janvier 1860, relativement aux fruits du domaine de *Samson*, depuis le 2 août 1855 jusques au 7 août 1856.

Sur ce dernier point, le dispositif du jugement porte que : l'actif de la communauté doit comprendre les fruits du domaine de *Samson perçus* par les dames Dorliac pendant cette période ; et le mot *perçu*, employé encore ici comme base des obligations des dames Dorliac, ne s'applique qu'aux fruits récoltés sur ce domaine dans cet intervalle ; car, dans les motifs, le jugement dit textuellement : qu'il s'agit des *fruits produits* pendant la durée de leur administration. Ainsi la perception des fruits produits sert encore de règle pour fixer les droits de l'administrateur.

Cette circonstance n'est pas indifférente à relever ; car il ne faut pas perdre de vue que les dames Dorliac, qui offraient de rendre leur compte, comprenaient dans ce compte non-seulement les fruits qu'elles avaient récoltés, mais ceux perçus antérieurement par Guillaume Dorliac, et dont elles avaient disposé en les vendant depuis le 2 août 1855. Ce jugement n'a pas voulu admettre ce compte, et il a chargé les experts *d'évaluer le montant des fruits produits par le domaine de* Samson, *depuis le 2 août 1855 jusques au 7 août 1856.*

Cette disposition concernant l'expertise limitée aux fruits *produits* par le domaine pendant le temps de l'administration des dames Dorliac, démontre, d'une manière évidente, en la rapprochant de celle ci-dessus rapportée, concernant les fruits *perçus* par ces dames à comprendre dans l'actif de la communauté, que les fruits que Guillaume Dorliac avait *perçus* avant le 2 août 1855 et dont les dames Dorliac se sont emparées, ne doivent pas être compris dans l'actif de cette communauté.

Ainsi, d'une part, les dispositions du jugement du 24 janvier 1860 qui, dans les motifs ou dans le dispositif, s'appliquent directement aux fruits produits par le domaine de *Samson* pendant l'administration de Guillaume Dorliac, indiquent que le jugement a voulu explicitement lui attribuer, par compensation avec les dépenses ordinaires, tous les fruits qu'il avait *perçus,* sans distinction entre ceux qui étaient consommés et ceux qui ne l'étaient pas; et, d'autre part, la disposition du même jugement concernant les fruits à comprendre dans l'actif de la communauté, n'y fait entrer que les fruits *produits* par le domaine de *Samson,* depuis le 2 août 1855. Ces deux dispositions sont ainsi en parfaite harmonie et se corroborent pour démontrer que tous les fruits perçus avant le 2 août 1855, ne devant pas être compris dans l'actif de la communauté, doivent appartenir à Guillaume Dorliac, par l'effet de la compensation admise par le jugement. Telle est la conséquence logique qu'il faut déduire de la double catégorie de fruits admise par le Tribunal, contrairement aux prétentions des copartageants, manifestée par leur offre de rendre respectivement leur compte d'administration. Cette déduction est au reste justifiée par le considérant du jugement, conçu en ces termes : « Attendu » qu'il suit de là, que les fruits produits par le domaine de *Samson,* » depuis le 21 janvier 1841 jusques au 2 août 1855, ne doivent pas » être calculés pour la formation de l'actif de la communauté à par-» tager. »

Le jugement du 23 mai 1861 indique comme considération décisive pour consacrer une solution contraire, cette circonstance que Guillaume Dorliac n'avait pas compris dans son compte les fruits non consommés, et qu'ainsi le jugement du 24 janvier 1860 n'a pu vouloir les faire entrer dans la compensation qu'il prononce.

Il faut d'abord remarquer que l'observation n'est pas exacte en fait; car, en ce qui touche notamment le montant des 50 hectolitres de vin vendus avant le 2 août 1855, Guillaume a porté le prix entier de 2,000 fr. dans son compte, quoiqu'il n'ait touché la somme de 1,427 fr., formant une partie de ce prix, que postérieurement; ainsi l'objection ne pourrait atteindre cette dernière somme, qui devrait toujours lui être accordée.

Il faut remarquer, en outre, que si Guillaume n'a pas porté dans le compte le montant en argent des fruits qu'il avait perçus avant le 2 août 1855, puisqu'ils n'étaient pas réalisés en espèces, il a indiqué dans ce compte la quotité des produits qu'il avait recueillis. On peut donc soutenir avec fondement que le Tribunal a eu sous les yeux tous les éléments de la compensation qu'il allait consacrer, circonstance suffisante pour ôter à l'objection toute sa valeur.

Mais l'objection est d'ailleurs anéantie par cette simple réflexion : que le jugement du 24 janvier 1860 ne s'est pas préoccupé des éléments du compte produit par Guillaume Dorliac, pour fixer les bases de la compensation qu'il a consacrée. Il n'a pas pris et voulu prendre d'autre règle, quant à l'actif, que les fruits produits par le domaine de *Samson* pendant la durée de la gestion de Guillaume et perçus par lui, et quant au passif que les dépenses ordinaires. Il n'est entré dans l'examen d'aucun des articles du compte pour fixer son appréciation ; il faut donc reconnaître que toutes les énonciations ou omissions du compte concernant.les fruits sont indifférentes.

Ces observations, qui seront développées à l'audience, nous paraissent suffisantes pour établir que le jugement du 23 mai 1861 a méconnu l'autorité de la chose jugée fondée sur le jugement du 24 janvier 1860, en refusant d'attribuer à Guillaume Dorliac soit la somme de 1,427 fr. soit celle de 4,438 fr. 25 c. montant des fruits perçus pendant son administration.

Quant aux chiffres qui viennent d'être indiqués, ils se rattachent à l'examen du compte produit par les dames Dorliac, qui fait l'objet de la deuxième impugnationde Guillaume Dorliac, rejetée par le jugement de 23 mai 1861. Nous en renvoyons la justification aux débats oraux, et nous établirons que Guillaume Dorliac est recevable à attaquer ce compte, qui contient plusieurs inexactitudes. Nous nous bornerons à faire observer que si, lors du jugement du 5 décembre 1860 qui a entériné le rapport des experts nommés par le jugement du 24 janvier de la même année, Guillaume Dorliac a consenti à admettre en principe le compte à rendre par les dames Dorliac, au lieu de demander que le montant de la restitution des fruits dont elles étaient tenues fût fixé d'après l'évaluation du rapport des experts, parce qu'il reconnaissait que cette évaluation était exagérée, ce consentement, qui constituait une dérogation au jugement du 24 janvier, ne peut le priver du droit de discuter les éléments de ce compte. Le jugement du 5 décembre réserve d'ailleurs les droits des parties à ce sujet.

Nous arrivons à la troisième contestation relative aux prélèvements du. montant des dettes payées à la décharge de la communauté par Guillaume

Dorliac pendant le cours de son administration. Cette réclamation s'élève, d'après les indications contenues dans les conclusions prises à l'audience du 23 mai 1861, à la somme de 6,800 fr.

Le jugement du 23 mai 1861 rejette cette demande, en se fondant sur la chose jugée résultant du jugement du 24 janvier 1860, qui aurait voulu étendre les effets de la compensation aux dettes payées pendant la vie commune des copartageants indiquées dans le compte présenté par Guillaume Dorliac.

Nous croyons qu'il y a encore sur ce point une erreur manifeste de la part du Tribunal, et que la chose jugée existe dans un sens contraire à la solution qu'il a adoptée. Il suffit pour s'en convaincre de lire les termes mêmes du dispositif du jugement du 24 janvier 1860, concernant le passif de la communauté; il y est dit, textuellement, comme on le voit par les passages ci-dessus transcrits : « Déclare, en ce qui touche le passif de la commu- » nauté, qu'il doit se composer de toutes les dettes dont cette commu- » nauté se trouvait grevée au décès de Dorliac père. » Ces expressions ne peuvent prêter à interprétation ; c'est à l'époque du décès qu'il faut se reporter pour fixer le passif de la communauté d'après les dettes existantes à cette époque, et il faut comprendre par conséquent toutes ces dettes dans la liquidation qui se fait actuellement. Il n'est donc pas exact de dire que le jugement du 24 janvier 1860 a voulu étendre les effets de la compensation au capital des dettes payées par Guillaume pendant le cours de son administration et qu'il avait indiquées dans son compte. Si le jugement eût voulu admettre cette décision au lieu de déclarer que le passif se composerait des dettes existantes au décès, il eût dit qu'il se composerait de celles existantes au moment de la séparation du 2 août 1855, et s'il eût voulu faire quelques exceptions, il les eût nominativement énoncées.

Le principe posé par le dispositif de ce jugement est une règle générale qui s'applique à tout le passif de la communauté, ce qui exclut, par voie de conséquence, la prétendue compensation consacrée par les premiers juges ; pour admettre la solution du tribunal, il faudrait supposer que les expressions employés par les juges ont trahi leur pensée.

Cette pensée du jugement du 24 janvier 1860, est aussi établie d'une

manière évidente que les motifs du jugement. On y lit, en effet : « Attendu
» en ce qui touche le passif de la communauté qu'il doit évidemment
» comprendre toutes les dettes dont elle se trouvait grevée à l'époque du
» décès de Dorliac père. »

Qu'on ne croie pas que cette pensée, si clairement exprimée, soit le résul-
tat d'une erreur ou d'une inadvertance, et que l'attention du juge n'ait pas
été appelée sur cette difficulté ; les conclusions des parties sont trop explicites pour pouvoir émettre un doute à ce sujet. D'une part, en effet,
Guillaume Dorliac, dans ces conclusions, demandait de comprendre, dans
le passif, *les dettes de la communauté au moment du décès*, et la dame
Dorliac demandait au contraire *de comprendre dans le passif de la
communauté toutes les dettes encore existantes et qui n'ont pas été
payées*. Il est certain, d'après les conclusions respectives que le débat
portait précisément sur le point de savoir si Guillaume Dorliac pouvait
répéter, par voie de prélèvement, les dettes payées par lui à la décharge
de la communauté en faisant liquider le passif à l'ouverture de la succession de Dorliac père, ou bien, au contraire, si l'on ne comprendrait dans
la liquidation que ce qui restait dû au moment de la séparation, en 1855,
comme le demandait Mme Dorliac, en excluant, par suite, les répétitions
demandées par Guillaume.

Les motifs et le dispositif tranchent ce débat dans un sens favorable
aux prétentions de Guillaume ; car décider que le passif comprendra toutes
les dettes dont la communauté se trouvait grevée au moment du décès,
c'est décider, par voie de conséquence forcée, que celui qui les a payées
peut les réclamer, et que la compensation demandée par les dames Dorliac est rejetée.

Les dispositions générales du jugement du 24 janvier 1860 et les conséquences qu'il faut nécessairement en déduire, ne peuvent être atteintes
par les autres énonciations qu'on y rencontre ; ainsi, après la disposition
générale qui sert de règle pour déterminer le passif, le jugement indique
certaines dettes payées par la dame Dorliac mère et par les copartageants,
après le 2 août 1855, comme devant être comprises dans le passif de la
communauté ; mais ces indications ne sont inscrites dans le jugement
qu'en forme démonstrative, comme conséquence de la disposition géné-

rale ; elles ne peuvent donc avoir pour effet de restreindre la portée du principe général pris comme régulateur du passif de la communauté.

Cette observation s'applique aussi aux motifs du jugement, dans lequel, après avoir décidé que le passif de la communauté doit comprendre toutes les dettes dont elle était grevée à l'époque du décès de Dorliac père, on lit : « Attendu qu'il est *encore* manifeste que la dame Dorliac doit être » portée dans ce chapitre de la liquidation, etc., » ce qui implique bien que le jugement entend déduire une conséquence et non formuler une restriction.

Le dispositif contient, au contraire, d'autres énonciations qui viennent corroborer la décision formulée en termes généraux et les conséquences qu'il y attache, car il déclare qu'il n'y a pas lieu de s'occuper, dans la liquidation, *des intérêts des capitaux inscrits au passif* pour la période antérieure au 2 août 1855. Ces expressions, consignées dans le jugement, à suite des dispositions concernant le passif de la communauté, s'appliquent par leur généralité à tous les *capitaux inscrits* au passif, d'après les dispositions qui précèdent ; or, les **capitaux** inscrits au passif, sont ceux qui existaient à l'époque du décès de Dorliac père. Le jugement ne distingue pas et les soumet à la même règle, quant aux intérêts, comme il les a soumis à la même règle, quant au capital. Il décide d'abord **que tous les** capitaux, payés ou non, restent en dehors de la compensation, et il les fait entrer dans le passif de la communauté ; il décide, au contraire, que les intérêts de tous ces capitaux, quels qu'ils soient, n'entreront pas dans la liquidation de la communauté. Ils sont atteints par la compensation.

Remarquons, au surplus, que si le jugement n'avait pas entendu comprendre dans la disposition générale relative au passif, tout ce qui était dû au décès de Dorliac père, il aurait restreint naturellement la disposition concernant les intérêts aux dettes encore existantes au 2 août 1855 et à celles payées par la dame Dorliac ; car il était inutile de décider que les intérêts des capitaux non répétables, par suite de la compensation, subissaient aussi cette compensation ; la conséquence était forcée, et par suite n'aurait pas été écrite, tandis que les deux dispositions se lient intimement, et devaient être nécessairement formulées, puisqu'elles sont générales et donnent une solution différente sur les capitaux et sur les intérêts.

Si l'on consulte les motifs du jugement concernant les intérêts antérieurs à 1855, on trouve qu'il y est déclaré que ces intérêts doivent être présumés avoir été payés à l'aide des revenus communs, d'après ce *qui a été dit plus haut*. Or, en recherchant les motifs du jugement qui se réfèrent à la compensation, on voit qu'ils s'appliquent strictement aux dépenses ordinaires d'exploitation, d'entretien de ménage et de paiement des intérêts des dettes communes qui absorbaient les *revenus communs*.

Il faut donc reconnaître qu'en dehors des charges ci-dessus énumérées, les revenus communs n'ont pu payer les dettes, et que, par suite, les dettes payées par Guillaume Dorliac doivent être répétées par lui. L'esprit et la lettre du jugement du 24 janvier 1860 justifient cette réclamation.

L'ensemble des dispositions du jugement du 24 janvier 1860, loin de faire supposer, comme l'ont dit les premiers juges, que le Tribunal, à cette époque, n'ait pas voulu accorder à Guillaume Dorliac le droit de répéter les capitaux payés à la décharge de la communauté, parce qu'il était censé les avoir payés avec les revenus, amène à une opinion contraire. D'une part, en effet, ainsi que nous venons de le constater, ce jugement déclare que les revenus communs ont été absorbés par les dépenses ordinaires d'entretien de ménage, de frais d'exploitation et intérêts des dettes communes : ce qui implique que les capitaux n'ont pu être payés avec les revenus; et, d'autre part, il reconnaît que Guillaume Dorliac avait des ressources personnelles, puisqu'il lui attribue des prélèvements en mobilier et pour impenses extraordinaires.

Cette décision, ainsi présentée, devrait suffire pour repousser la nouvelle appréciation du Tribunal, qui n'admet pas que Guillaume Dorliac ait pu payer les dettes avec ses ressources personnelles; il faut bien cependant reconnaître l'affirmative, puisqu'il est souverainement jugé qu'il n'a pu payer avec les revenus communs; au reste, il est facile de justifier de la suffisance des ressources de Guillaume Dorliac pour faire les paiements dont il demande le remboursement. Nous établirons, dans les débats oraux, qu'il a pu y consacrer des sommes considérables, provenant de son travail et de son industrie pendant plusieurs années.

TOURNAYRE, avocat.   **SUDRE,** avoué.

Toulouse. — Imprimerie de Lamarque et Rives, rue Tripière, 9.